ADIVINANCERO

Adivinancero
Valentín Rincón
Cuca Serratos

Primera edición: Producciones Sin Sentido Común, 2015

D. R. © 2015, Producciones Sin Sentido Común, S. A. de C. V.
Avenida Revolución 1181, piso 7,
colonia Merced Gómez,
03930, México, D. F.

Texto © Valentín Rincón y Cuca Serratos, 2015
Ilustraciones © Alejandro Magallanes, 2015

ISBN: 978-607-8237-54-8

Impreso en México

ADIVINANCERO

Valentín Rincón
Cuca Serratos

Ilustraciones de Alejandro Magallanes

NOS
TRA
EDICIONES

ÍNDICE

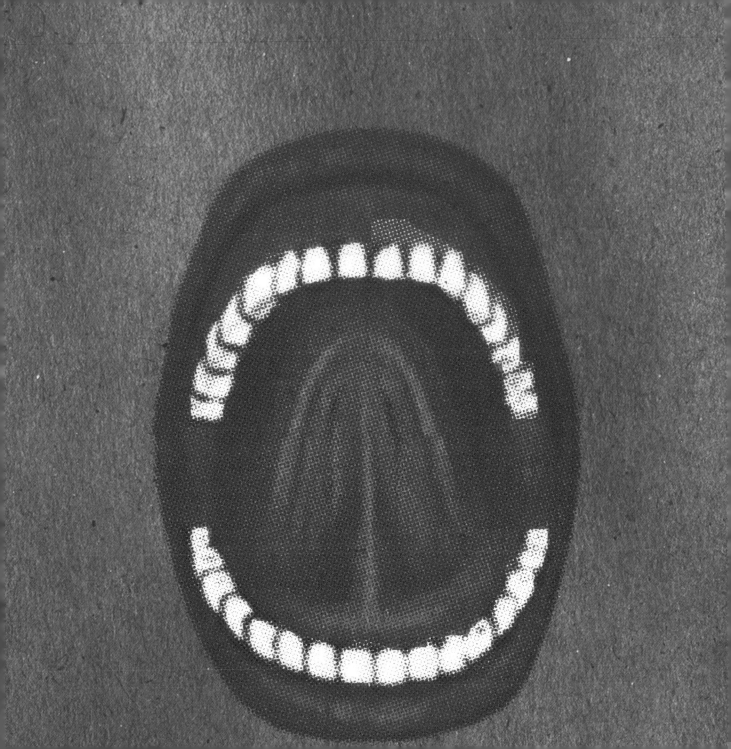

ADIVINA
ADIVINADOR,
ADIVINA

INTRODUCCIÓN

Las adivinanzas, ese género popular, son una veta de ingenio y sabor en la cultura de un pueblo. Pensamos que su origen se remonta a tiempos antiguos. Probablemente nacieron, al igual que los refranes y los dichos populares, en el transcurso de largas caminatas, al calor de una hoguera o quién sabe en qué vicisitudes. Después, evolucionaron al transmitirse de boca en boca por incontables y anónimos creadores. De hecho, podemos afirmar que la adivinanza es un género antiquísimo, si consideramos que el enigma propuesto por la Esfinge a Edipo –típica adivinanza– data del siglo v a.C.

Por ser las adivinanzas ante todo un juego, revelan el carácter lúdico de los seres humanos. Son como pequeños problemas a resolver, pequeños retos, a la vez que una competencia, una lid. Si no es resuelta, triunfará quien la planteó, y si es descifrada, quien resolvió el misterio quedará como un triunfador y un adivino. Quizá estas características sean las razones por las que el género gusta mucho a niños y adultos.

Resulta interesante el hecho de que algunas adivinanzas contienen su pequeño rito propiciatorio que se cumple al enunciarlas: *Adivina adivinanza; Adivina adivinador, adivina; ¿Qué cosa será la cosa...?; Maravilla, maravilla, ¿qué será?*, entre otras, que según la época y el lugar, son fórmulas comunes para proponer la adivinanza.

Hemos seleccionado para este *Adivinancero* las adivinanzas que nos han parecido más ingeniosas por su contenido o su rima, o por su belleza poética. En un principio pensamos dar preferencia a las menos conocidas en aras de la originalidad, pero después no pudimos abstenernos de incluir algunas muy populares, por considerarlas verdaderos tesoros de tradición, ingenio o frescura.

A algunas les hemos hecho pequeñas adaptaciones para mejorar su ritmo poético o darles mayor coherencia, cuidando de no desvirtuar su esencia ni menguar su colorido.

Para esta colección tomamos adivinanzas que forman parte de la tradición mexicana, pero también quisimos incluir piezas de nuestra propia creación o bien de otros autores. También abrevamos de otras fuentes, como por ejemplo *Las mil y una noches*, ese monumento literario de la cultura árabe.

Como señalamos antes, las adivinanzas interesan tanto a niños como a adultos: el presente *Adivinancero* está dirigido, por igual, a unos y a otros. Esto se da de forma natural, porque las adivinanzas son, de por sí, muy variadas en cuanto a la sencillez o complejidad de su estructura. Quizá algunas sean difíciles para un niño por su lenguaje, por su forma o por su tema, por ejemplo, las de *Las mil y una noches*, pero la gran mayoría son accesibles.

No quisimos dejar fuera de esta colección adivinanzas con doble sentido, por ser muy características de la idiosincrasia y de la naturaleza pícara del mexicano, por lo que incluimos dos o tres ejemplos de ellas.

Algunos requisitos que la adivinanza debió tener para ser seleccionada por nosotros fueron la coherencia en su construcción y la lógica en los elementos de los que depende la solución; mas no fuimos tan estrictos como para eliminar algunas cuya lógica no es tan sólida, pero que tienen una riqueza en sabor y una chispa literaria que no están en duda. Casi todas ellas contienen los elementos suficientes para que quien intente adivinar pueda deducir la solución de forma inequívoca y, a la vez, la suficiente dificultad como para hacer interesante el reto. Sin embargo, como ya dijimos, las adivinanzas no encierran sólo el enigma que ha de resolver un frío y calculador Sherlock Holmes, sino que son a veces un poema bello, humorístico o picaresco y, a veces, un ingenioso y muy disfrutable juego de palabras. Por otro lado son, a nuestro entender, una excelente forma de interesar a los niños y acercarlos, de una manera agradable, a la literatura y a la poesía; así como una forma muy adecuada para empezar a comprender las metáforas.

Valentín Rincón
Cuca Serratos

1

A PESAR DE TENER PATAS
YO NO ME PUEDO MOVER,
LLEVO ENCIMA LA COMIDA
Y NO LA PUEDO COMER.

ADIVINANZAS POPULARES

La adivinanza popular es parte del folclor porque participa de todos sus atributos: tradicionalismo, popularidad, plasticidad, anonimato, valor estético y un contenido *sustancioso*. Dilo si no, amable lector, al conocer (o recordar) los ejemplos que te presentamos. Tómalos como amistosos retos que te hacemos y sabe que es nuestro deseo sincero que disfrutes de su lectura y de su desentrañamiento.

2

Del cielo hasta la tierra
yo caigo en todas partes,
el árbol, el jardín,
la cabeza de Martín.

3

Mi casa es un perro,
soy más chica que un botón,
camino dando saltos
y me trepo a tu colchón.

4

Chiquito como un ratón,
cuida la casa como un león.

5

Son las flores mis amigas
y en cada vuelo,
cada una me da un beso
de caramelo.

6

Vengo de padres cantores
aunque yo no soy cantor,
llevo los hábitos blancos
y amarillo el corazón.

7

Tú que todo lo adivinas,
tal vez me podrás decir:
¿qué animal en las cocinas
hace las cosas hervir?

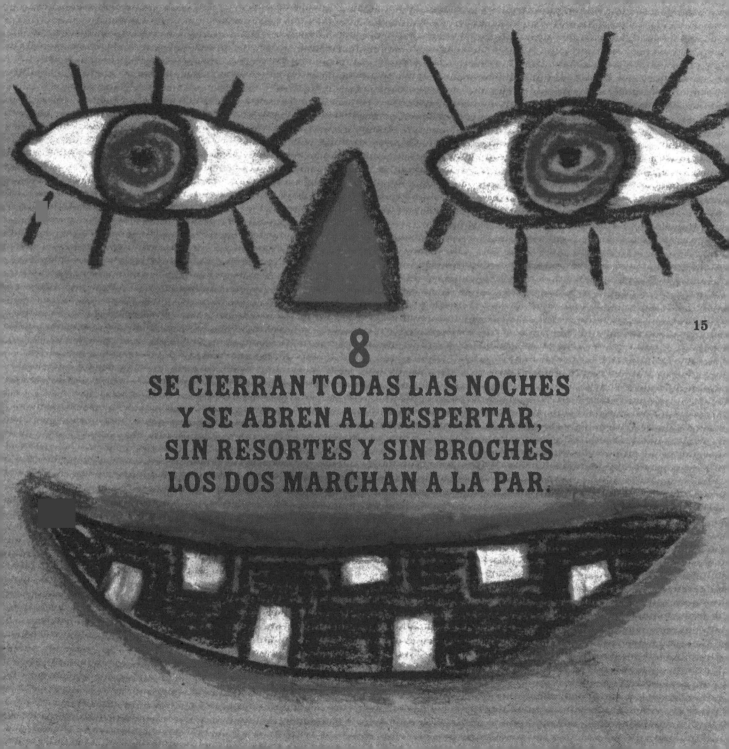

8

SE CIERRAN TODAS LAS NOCHES
Y SE ABREN AL DESPERTAR,
SIN RESORTES Y SIN BROCHES
LOS DOS MARCHAN A LA PAR.

9

Un minuto tiene una,
un momento tiene dos,
pero un segundo, ninguna.

10

Campo blanco,
flores negras
y un arado
con cinco yeguas.

11

Blanco fue mi nacimiento,
pintáronme de colores,
he causado muchas muertes
y empobrecido a señores.

12

Soy señora con corona,
doscientos hijitos tengo,
todos son coloraditos,
con mi tallo los mantengo.

13

Una pálida señora
blanca, larga, flaca y seca,
en las noches, encendida,
llora manteca.

14

Una dama muy brillante
va marchando a compás,
con las piernas por delante
y los ojos por detrás.

15

Ana me llaman de nombre
y por apellido Fre;
aquél que esto no acertase
es un borriquito en pie.

16

Soy liso y llano en extremo
y, aunque me falte la voz,
respondo al que me consulta
sin agravio ni favor.

17

SOY REY DE IMPERIO EN TODA NACIÓN,
TENGO DOCE HIJOS DE MI CORAZÓN,
DE CADA UNO DE ELLOS
TENGO TREINTA NIETOS
QUE SON MITAD BLANCOS
Y SON MITAD NEGROS.

18

Muy chiquito, chiquitito,
pone fin a todo escrito.

19

En el cielo soy de agua,
en la tierra soy de polvo,
en la iglesia soy de humo
y una telita en los ojos.

20

Dos arquitas de cristal
se abren y cierran sin rechinar.

21

Se corta sin tijera,
sube sin escalera
y hace correr a la cocinera.

22

Una arquita blanca
como la cal
que todos saben abrir
y nadie sabe cerrar.

23

¿Qué es, qué es,
que mientras más grande
menos se ve?

24

Agua, pero no de fuente,
diente, pero no de gente,
y una ere impertinente
se metió antes del diente.

25

Soy un caballero
puntual y ordenado,
tengo doce damas
bajo mi cuidado,
todas tienen cuartos
y ninguna, baño,
todas tienen medias
pero no calzado.

26

Libro de poco tamaño
que sólo tiene doce hojas,
pero se lee en un año.

27

Para bailar me pongo la capa,
para bailar me la vuelvo a quitar,
porque no puedo bailar con la capa
y sin la capa no puedo bailar.

28

Traga madera por la pancita
y bota virutas por la boquita.

29

Cruza montañas
y cruza el mar,
no tiene boca
y sabe hablar.

30

Espuma y no de puchero;
espuma y no de la mar;
no te le acerques muchacho,
que te puede devorar.

31

Un convento muy cerrado
sin campanas y sin torres
tiene monjitas adentro
haciendo dulce de flores.

32

Corriendo entre los campos,
cantando voy mi canción:
a sedientos doy la vida
antes de morirme yo.

33

Vence al tigre y al león,
vence al toro embravecido,
vence a señores y a reyes
que a sus pies caen rendidos.

34

Es un nombre de mujer
que es también nombre de flor
y hay, de ese tono, un color.

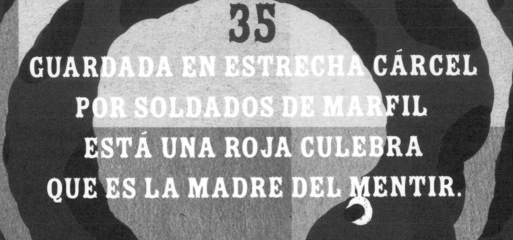

35

GUARDADA EN ESTRECHA CÁRCEL
POR SOLDADOS DE MARFIL
ESTÁ UNA ROJA CULEBRA
QUE ES LA MADRE DEL MENTIR.

36

¿Quién es, quién es,
el que bebe
por los pies?

37

Si lo nombro
lo rompo.

38

Voy por el valle
dando palmadas.

39

En casa de Chi
mataron a Ri,
cuando vino Mo
dijeron que Ya.

40

Soy de pesado metal
y de la muerte instrumento;
sirvo para el bien y el mal
y soy más veloz que el viento.

41

¡Epa, epa!,
me llevan al trote
y en cada esquina
me dan un azote.

42

Duermo de pie,
despierto de pie
y aunque no lo creas
de pie moriré.

43

Una vieja larga y flaca
con las tripas arrastrando
y un muchacho cacarizo
por detrás la va empujando.

44

Me llegan las cartas
y no sé leer.
Aunque me las trago
no arrugo el papel.

45

Una señorita
muy colorada,
llueva o no llueva,
siempre anda mojada.

46

Todos iguales,
son siete hermanos
un tiempo oscuros
y un tiempo claros.

47

De cuadritos me conocen,
de cuadritos se me ve,
se me llena poco a poco
y entretengo a usted.

48

No me permitas crecer
porque si tú no me matas
a ti yo te mataré.

49

El que la hace,
la hace cantando;
el que la compra,
la compra llorando;
y el que la usa,
no sabe ni cuándo.

50

Es un rastrillo educado,
que cuando sube a la loma
recoge todo el ganado.

51

En medio del cielo estoy
sin ser lucero ni estrella,
sin ser sol ni luna bella,
adivina lo que soy.

52

Piolín que se arrastra
haciendo asustar;
piolín que se arrastra
queriendo inyectar.

53

En el campo fui nacida,
las llamas son mi lamento,
donde quiera que me llevan
es para darme tormento.

54

Con fuego se hace,
con fuego se deshace.

55

Es santa no bautizada
y menos, canonizada;
lleva por nombre el día
y su sangre es roja y fría.

56

En mí se mueren los ríos
y por mí los barcos van;
tres letras tiene mi nombre,
tú lo has de adivinar.

57

Cerrado soy bastón,
abierto soy techo.

58

Tengo cabeza redonda,
sin nariz, ojos ni frente,
y mi cuerpo se compone
tan sólo de blancos dientes.

59

Estoy en el mar y no me mojo,
estoy en las brasas y no me quemo
y me tienes en tus brazos.

60

Es verde mi nacimiento,
amarilla mi vejez,
y cuando llego a la taza
soy más negro que la pez.

61

Una dama muy picuda,
con hoyito y muy brillante,
entra y sale, y entra y sale
con las tripas arrastrando
y un viejito cacarizo
por detrás la va empujando.

62

No tuvo padre ni madre,
y nació siendo ya hombre;
tiene muchos descendientes
y es bien sabido su nombre.

63

¿Qué cosa el molino tiene,
por siempre y no necesaria,
que no moliera sin ella
y no le sirve de nada?

64

¿Quién será la desvelada,
lo puedes tú discurrir?
Día y noche está acostada
y no se puede dormir.

65

Una viejita arrugada
con un palito detrás,
pasa, bobo,
¿qué será?

66

Una puerta,
dos ventanas,
dos luceros,
una plaza.

67

Corro y corro,
sin salir nunca de mi lecho.

68

Un trozo de oscuridad
que se vuelve claridad
y a la vez que da calor
nos ayuda a cocinar.

ENTRA PARADO
Y SALE CURVADO.

25

70

Amarillo, amarillito,
y mi cantar es bonito;
no parece necesario
decir que soy un...

71

Verde como loro,
bravo como toro.

72

Volando en el aire
y besando flores
se apaga su vida
de luz y colores.

73

Verde fue mi nacimiento,
nacida entre verdes lazos,
y aquél que llora por mí
me está partiendo en pedazos.

74

¿Sabes quién es el que dice,
ya le pregunten o no,
con la cabeza que sí
y con la cola que no?

75

Una vaca prieta
pasó por el mar
y ningún vaquero
la pudo lazar.

76

La moza tiene sentado
a su amante en sus rodillas,
que ríe a carcajadas
cuando le hace cosquillas.

77

Sembré tablitas,
nacieron reatitas,
comí bolitas.

78

Jamás cigarros consumo
porque no tengo ese vicio,
sin embargo fumo y fumo,
pues es mi único oficio.

79

Alto caballero
con capa dorada
y espuela de acero.

80

Del fin vengo,
del fin soy;
adivina buen hombre
quién soy.

81

Con mi cara encarnada
y mi ojo negro, negro;
con mi vestido verde,
al campo cómo alegro.

82

Pita aquí,
pita allá

83

Un gran toro negro
que viene del aire,
no hay gato ni perro
que pueda atajarle.

84

Si no la matas,
no estás contento.

85

Si la sueltas, chupa,
si la aprietas, suelta,
vive en el fondo del mar
o en la tina o la pileta.

86

Y LO ES, Y LO ES,
Y NO LO ACIERTAS
EN UN MES.

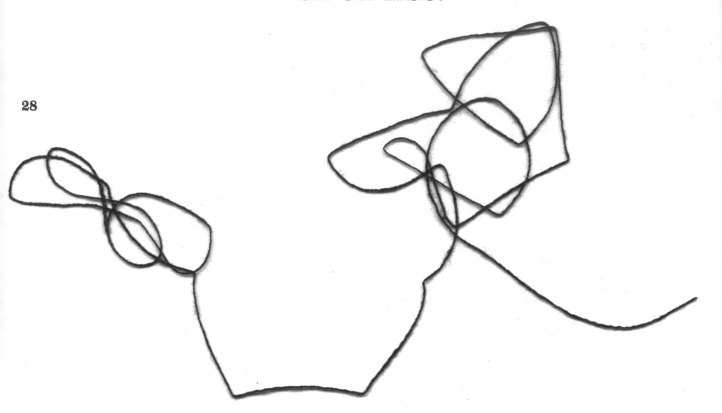

87

EN MIS ENTRAÑAS DE ACERO
TENGO A LA MUERTE ENCERRADA
Y SI ME JALAS LA COLA,
LA AVIENTO ASUSTADA.

88

Los siete son hermanitos
y viven un solo día:
cuando uno nace, otro muere,
y así se pasan la vida.

89

Verde afuera,
blanco adentro,
en la palma
yo me encuentro,
cielo arriba,
cielo abajo,
sale el agua
con trabajo.

90

Tiene famosa memoria,
fino olfato, dura piel,
y las mayores narices
que en el mundo pueda haber.

91

Flaquito y pequeño
con cabeza roja
que produce fuego
cuando se la frotas.

92

A veces soy muy costosa,
y luzco en grandes salones.
A pesar de ser gran cosa,
todos me dan pisotones.

93

Una vieja
canosa y blanca
que sube y baja
por las barrancas.

94

Verde me crié,
amarilla me cortaron
y blanca me molieron.

95

Es su madre tartamuda,
es su padre buen cantor,
tiene el vestidito blanco
y amarillo el corazón.

96

Con caras muy blancas
llenas de lunares,
a unos damos suerte,
y a otros pesares.

97

Aparezco en tu boca,
sonora, alegre, explosiva,
cuando te cuentan un chiste
o cuando te hacen cosquillas.

98

Delante de una montaña,
fuerte me puse a gritar,
y ella igual me contestaba
sin quitar una vocal.

99

¿Qué es, qué es,
que entre más le sacas
más grande es?

100

Todos corren,
uno pita,
dos detienen,
muchos gritan.

101

Entra lo duro en lo blando,
y quedan los adornos colgando.

102

¿Quién pensaréis que yo soy,
que cuanto más y más lavo
mucho más sucia me voy?

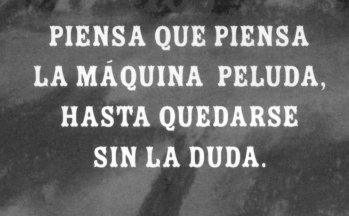

PIENSA QUE PIENSA
LA MÁQUINA PELUDA,
HASTA QUEDARSE
SIN LA DUDA.

104

¿Quién será esa persona
que tiene en su nombre
las cinco vocales?

105

Más de cien damas hermosas
vi en un instante nacer,
encendidas como rosas
y, al instante, fenecer.

106

Único portero,
solitario inquilino,
tu casa redonda
te llevas contigo.

107

¿Qué es, qué es,
que te tumba el sombrero
y no lo ves?

108

Todos las compran para comer
pero nadie las puede comer.

109

Al amor digo que sí,
al amor digo que no.
Por saber tanto de amores,
tanto amor me deshojó.

110

Una piel que es otra piel,
una mano que no es mano
y hace que el frío se aguante bien.

111

En una cumbre me ponen
para que el aire me dé,
sirvo de guía a los hombres
y me sostengo en un pie.

112

Hay un hijo que hace nacer
a la madre que le dio el ser.

113

Verde soy, verde fui
y de luto me vestí.

114

Unos somos verdes
y otros somos negros,
pero de dulzura
siempre vamos llenos.

115

Mi ser en un punto empieza
y en un punto ha de acabar;
el que acertara mi nombre
sólo dirá la mitad.

116

Adivíname esa.

117

Vuela que vuela,
allá va y viene,
hace y construye
y manos no tiene.

118

Unos dicen que soy gorda,
sin embargo, soy delgada,
de todos modos me comen,
sea blandita o sea tostada.
Enrollada, taco soy
y hasta sirvo de cuchara.

119

Sólo por cielo o por mar,
hasta a mí podrás llegar.

120

Dicen que soy rey y no tengo reino,
dicen que soy rubio y ni pelos tengo,
cuentan que camino y yo no me muevo,
arreglo relojes sin ser relojero.

121

A fresca nadie le gana,
ni el recién bañado en ducha,
ya redonda o larguirucha,
traje verde la engalana.

122

Sube, baja
y no se mueve.

123

Es una dama
con muchos velos
que lleva encima
el peor de ellos.

124

Siempre quietas,
siempre inquietas,
durmiendo de día
y de noche despiertas.

125

Verde como el campo,
campo no es,
habla como el hombre,
hombre no es.

126

Soy un palito
muy derechito
y encima de la frente
llevo un mosquito.

127

¿Quién es la coqueta
a la que admiran
millones de ojos
desde la Tierra?

128

No giro y me dicen gira,
no alumbro y me dicen sol.

129

Dos hermanos sonrojados,
juntos, en silencio están,
pero siempre necesitan
separarse para hablar.

130

EN PALCO MUY ALTO
NEGRAS SEÑORONAS
PESADAS, PANZONAS
Y ADEMÁS... ¡LLORONAS!

131

Un niñito blanco,
cabecita de color,
que si se la rascas
le produces resplandor.

132

De carbón su corazón,
de madera su ropaje,
y ayuda a tu aprendizaje.

133

Saltando y tronando
me visto de blanco.

134

¿Qué cosa es cosa
que cuanto más se alarga
más se acorta?

135

Yo soy diminutivo
de la fruta prohibida,
soy flor medicinal
de todos conocida.

136

Muy duro y muy negro es,
con una mano y tres pies.

137

Quien la tiene nada tiene,
quien la sabe nada sabe,
quien la hace nada hace,
quien la oye nada oye
y quien la ve nada ve.

138

Qué será, qué sería,
huele a queso todo el día.

139

Se pone negra
una señora
y se deshace
llora que llora.

140

Si te acuestas, nos paramos;
si te paras, nos acostamos.

141

Un arca redonda, chica
y blanca como la cal,
que todos saben abrir,
pero ninguno cerrar.

142

¿Qué es lo que nunca se rompe
al estrellarse?

143

Muchas lamparitas
muy bien colgaditas
y nadie las atiza.

144

En medio del mar estoy
y sin mí no hay bonanza,
soy primera en el amor
y última en la esperanza.

145

Verde me crié,
dorado me cortaron,
y me puse blanco
cuando me molieron.

146

El comal dijo a la muerte:
"¿Quiere usté tortillas duras?"
y la muerte contestó:
"Duras no".

147

Colgada voy por delante
y al hombre hago elegante.

148

Dura por arriba,
dura por abajo,
cabeza de víbora
y patas de pato.

149

Grande cuando niña,
grande cuando vieja,
y chica en la edad media.

150

Soy un señor encumbrado,
ando mejor que el reloj,
me levanto muy temprano
y me acuesto a la oración.

151

Un gatito vi que hacía,
no es mentira ni lo invento,
con una piedra en la boca
un relámpago y un trueno.

152

La usan los señores a diario
para que no se les mueva
el campanario.

153

Sin aire no puede nada,
que el aire fuerza le da
para soportar el peso
que después ha de llevar.

154

Yo tengo calor y frío,
y no frío sin calor.

155

Dos niñas van a la par
y no se pueden mirar.

156

Soy redonda y transparente,
ligera y de mil colores,
de un soplo fui creada
y de un soplo acabaré.

157

Somos dos lindos gemelos,
del mismo modo vestimos,
durante el día brillamos
y por la noche dormimos.

158

Están a tu lado
y no las ves.

159

Una dama colorada
con verde caparazón,
tiene mil hijitos negros
pegados al corazón.

160

Verde fue mi nacimiento,
amarillo fue mi abrir,
tuve que ponerme blanco
para poderles servir.

161

Cantando olvido mis penas
mientras voy hacia la mar,
las personas van y vuelven
mas yo no vuelvo jamás.

162

Tengo cola y no soy animal,
y aunque vuelo muy alto, muy alto,
de las alas del ave estoy falto
y no puedo a mi antojo volar.

163

HAGA FRÍO, HAGA CALOR,
SIEMPRE CON UN COBERTOR
DE LANA, DE LA MEJOR.

164

Se levanta como nube
y es muy blanco su color,
pero siempre, cuando sube,
le da susto al cuidador.

165

¿Qué tiene el rey en la panza
igual que cualquier mendigo?
¡Lo sabes! Es el...

166

Qué cosa y cosa
será, será,
que si la tienes
la buscas con afán,
pero si no la tienes,
ni la buscas ni la quieres.

167

Léeme bien y soy un metal,
léeme al revés y lo soy igual.

168

Del tamaño
de una nuez,
sube al monte
y no tiene pies.

169

Nadie lo quiere tener
y el que lo tiene
no lo desea perder.

170

Un platito de avellanas
por el día se recogen,
por la noche se derraman.

171

Mamá me labró una casa
sin puertas y sin ventanas,
y cuando quiero salir
antes rompo la muralla.

172

Soy una fruta muy fresca,
no tengo hueso por dentro,
luego de escribir un ji,
viene mi cama al encuentro.

173

Sobre él se come
y no se come,
y es bueno para quien come.

174

Sube cargada,
baja sin nada.

175

Dos bellas persianas
en dos ventanitas
que bajando ocultan
a dos niñas bonitas.

176

Llevo mi casa al hombro,
camino sin patas,
voy dejando mi huella
que es de plata.

177

Blanco como el papel,
rojo como el clavel,
pica y chile no es.

178

Hablo sin que tenga lengua,
canto sin tener garganta,
tan sólo con que me rasquen,
con una aguja, la panza.

179

Perlitas sobre las plantas
en el campo son;
lagrimitas de la noche
que seca un beso del sol.

180

A los niños doy solaz
con mi calmoso vaivén;
voy para allá, vengo acá
y en muchos parques me ven.

181

Mira tú si es cosa maja,
que aunque parezca mentira,
cuanto más crece más baja.

182

Blanca como el algodón
suelo en el aire flotar,
yo puedo tapar al sol
y agua, del cielo echar.

183

El novio se lo promete a la novia,
el marido a la mujer se lo ha de dar,
Paz lo tenía corto,
y el Papa no lo debe usar.

184

Con gran falda reluciente,
una vieja con un diente
suele llamar a la gente.

185

Crece y se achica
y nadie la ve:
no es luz y se apaga.
Adivina qué es.

186

Soy frío y puedo quemar
y el calor me hace llorar.

187

En una llanura negra
yo, que soy blanco, camino
y mis huellas, muy atento
estudia el niño.

188

COMIENZA FLACO Y SE PONE GORDO
CUANDO SE LLENA DE AIRE O DE AGUA.
CUANDO LO PINCHAN VUELVE A ENFLACAR
Y NUNCA MÁS PUEDE ENGORDAR.

189

Todos pasean por mí,
yo no paseo con nadie,
muchos preguntan por mí,
yo no pregunto por nadie.

190

Ayer vinieron,
hoy han venido,
vendrán mañana,
siempre con ruido.

191

Redondo como cazuela
tiene alas y no vuela.

192

Con patas y espalda,
no se mueve ni anda.

193

Redondo como la luna
y blanco como la cal,
me hacen con leche pura
y ya no te digo más.

194

Tengo cien amigos
en una tabla,
si yo no los toco,
ellos no me hablan.

195

Es viejo como ninguno
y joven siempre lo es;
desengaña a todo el mundo
y corre sin tener pies.

196

¿Sabes, arroz al revés,
qué es?

197

Hay un lugar en la tierra,
capital de hispanidad,
buenos los aires que corren
por la mentada ciudad.

TE LA DIGO
PARA QUE ADIVINES.
TE LA REPITO,
ESPERO QUE ATINES.

199

Es copa redonda y negra,
boca arriba está vacía
y boca abajo está llena.

200

Una palomita blanquinegra
vuela y no tiene alas,
habla y no tiene lengua.

201

Abro la boca
para saludar al sueño
y mi vida acaba
entre tus dedos.

202

De distintas tierras vengo
preso y atado,
destinado a que me chupen
y morir quemado.

203

Si me aprietan, remojo,
si me sueltan, recojo.

204

Son dos hermanas
de igual estatura,
que a mellizos cubren
con ternura.

205

Yo soy chiquito y prudente,
nadie se burla de mí,
pero si me hincan el diente
se han de acordar de mí.

206

Bajo el agua vienen dos,
uno se moja y el otro no.

207

Siempre en el techo asomada
con el gaznate tiznado,
a una dama muy alta
la calientan por abajo.

208

Una casa pintoresca
vestida de mil colores,
donde pobre y rico entran
para dejar sus valores.

209

En la mesa se pone,
se parte, se reparte,
pero no se come.

210

Rojo ha sido su vivir,
pero algunos presumidos
de azul la quieren vestir.

211

¿Qué cosa no ha sido
y tiene que ser,
y cuando sea
dejará de ser?

212

Cuanto más caliente
tanto más fresco.

213

Tengo la boca de barro
y un vestido de papel,
si me rompen con un palo,
llueven frutas a granel.

214

Va y viene, viene y va,
y en el mismo lugar
siempre está.

215

Baja cantando
y sube llorando.

216

Aunque corta mi ventura,
estreno todos los años
un vestido sin costura,
de colores salpicado.

217

Es tan alto como un pino
y pesa menos que un comino.

218

Dos torres altas,
dos miradores,
un espantamoscas
y cuatro andadores.

219

Blanca por dentro,
verde por fuera.
Si quieres saber,
espera.

220

Un gusano de luz en plena noche,
estela de vapor durante el día,
resopla en valles, campos y collados,
y al llegar nos llena de alegría.

221

Va al agua y no bebe,
en el cerro cerro,
va al pasto y no come,
en el cerro cerro,
pero suena y se mueve,
en el cerro cerro.

222

Cuatro botijitas
que están boca abajo
llenitas de leche
y no se derraman.

223

Ave soy, pero no vuelo,
mi nombre es cosa muy llana,
soy una simple serrana
hija de un hijo del suelo.

224

Sólo a Dios tengo por padre
y aunque al hombre no engendré,
todos me tienen por madre.

225

Existo cuando estoy preso,
pero en libertad me muero.

226

Rompe y no tiene manos,
corre y no tiene pies,
sopla y no tiene boca.

O LA ENCUENTRAS EN EL MAR
O LA DIGO Y NO ME ENTIENDES
O LA VAS A ADIVINAR.

228

Dos puntitas en esgrima
entreveran una trama
que mi hacendosa abuelita
diseña para la cama.

229

En lo mejor de mi edad
perezco en la tortura,
y con mi néctar se causan
muchas riñas y disputas.

230

Uno larguito,
dos más bajitos,
uno chico y flaco
y otro gordonazo.

231

Como un árbol yo tengo mil hojas,
tengo lomo y bestia no soy,
yo no tengo ni lengua ni boca
y consejos muy útiles doy.

232

Soy brillante, muy agudo
y de las damas querido;
si me prenden soy seguro,
si me sueltan soy perdido.

233

Cascarita de oro,
corazón de plata,
me arrojan al aire
cuando tú te casas.

234

Casa, pero no de adobe;
miento, pero no de veras.

235

De ciudad el nombre tengo
y a todo lo que froto
algo le desprendo.

236

El caminante tras, tras,
y ellas van quedando atrás.

237

ÉL ES CLARO Y ELLA OSCURA,
ÉL ALEGRE Y ELLA TRISTE,
ÉL DE COLORES SE ADORNA
Y ELLA DE LUTO SE VISTE,
ÉL LLEVA LA LUZ CONSIGO
Y ELLA SIEMPRE SE RESISTE.

53

238

En el campo me crié
dando voces como loca;
me ataron de pies y manos
para quitarme la ropa.

239

¿Cuál es de los animales
aquél que tiene en su nombre
todas las cinco vocales?

240

Hermanos son:
uno va a misa
y el otro no.

241

Dime, si lo sabes,
¿qué es la cosa aquella
que te da en la cara
y no puedes verla;
que empuja sin manos
y hace andar sin ruedas;
que muge sin boca
y corre sin piernas?

242

Madera sobre madera,
sobre madera algodón,
sobre algodón, flores
y alrededor mis amores.

243

Millares de hermanos,
rubios como yo,
le damos la vida
al que nos tiró.

244

Paso por el fuego sin quemarme;
paso por el río sin mojarme;
cuando hace mucho sol estoy oronda,
pero en nublado apenas se me nota.

245

Sale de la sala
y entra a la cocina
meneando la cola
como una gallina.

246

Empedernido haragán,
la colmena lo alimenta,
y como buen holgazán
la vida social frecuenta.

247

En la mano de las damas
a veces estoy metido,
unas veces estirado
y otras veces encogido.

248

Dos callejones
muy oscuritos,
muy oscurazos,
que tienen a la muerte en brazos.

249

En lo alto vive,
en lo alto mora,
teje que teje
la tejedora.

250

A un señor de gran sombrero
sostenido en una pata,
pensando en el cocinero,
lo meten en una lata.

251

¿Quieres té?
¡Pues toma té!
¿Sabes tú qué fruto es?

252

¿Qué cosa será la cosa,
tú me lo has de adivinar,
si la desatas se queda
y si la amarras se va?

253

En Granada hay un convento
y más de cien monjas dentro,
con hábito colorado,
cien me como de un bocado.

254

**VUELA SIN ALAS,
SILBA SIN BOCA,
AZOTA SIN MANOS
Y TÚ NI LO VES, NI LO TOCAS.**

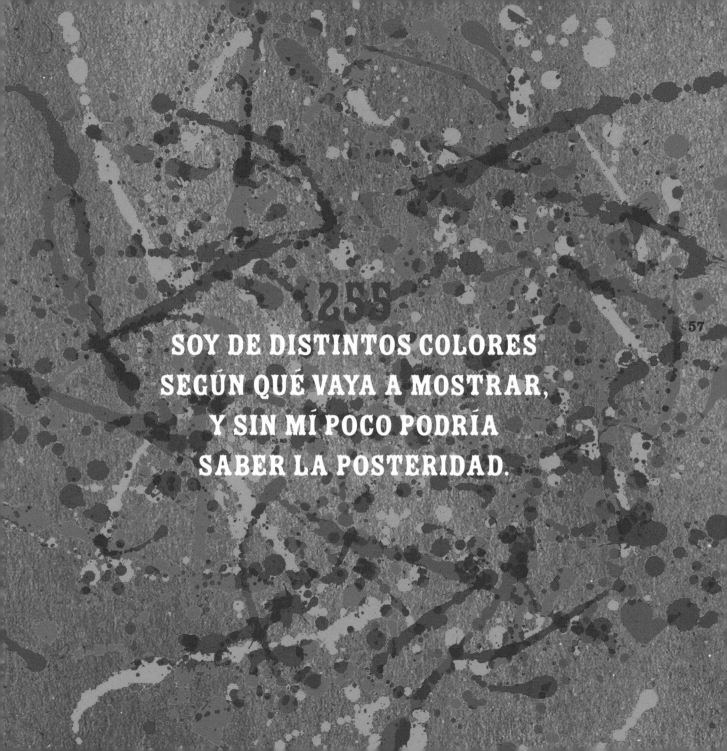

255

SOY DE DISTINTOS COLORES
SEGÚN QUÉ VAYA A MOSTRAR,
Y SIN MÍ POCO PODRÍA
SABER LA POSTERIDAD.

256

Mi primera es una pica,
mi segunda es una flor,
mi todo es una avecilla
de lindísimo color.

257

Puedes entrar por delante,
aunque también por detrás,
espera a que esté parado
porque si no, no podrás.

258

De día traca que traca,
de noche bajo la cama.

259

Verde en el monte,
negro en la plaza
y coloradito en casa.

260

Soy esbelta y orgullosa,
de mi pelo sale humo,
por dar luz a los demás
en mí misma me consumo.

261

Humea y humea
y en la punta
relampaguea.

262

Cuatro andantes,
cuatro manantes,
un quitamoscas
y dos apuntantes.

263

Tiene cabeza de vaca,
tiene la cara de oso,
tiene dientes en las patas
y canta en un calabozo.

264

AUNQUE AL DORMIR ME CONSULTAN
NUNCA SUELO CONTESTAR.

265
ADIVINA ADIVINANZA,
¿QUÉ TIENE EL REY EN LA PANZA?

LAS MÁS CONOCIDAS

En este rubro hemos agrupado adivinanzas muy difundidas en nuestro país y en otros. Es interesante observar que algunas de ellas poseen elementos de sonoridad y rima que no tienen que ver estrictamente con su solución, pero que les dan un colorido especial.

266

Agua pasa por mi casa,
cate de mi corazón,
el que no me lo adivine
será un burro cabezón.

267

Lana sube,
lana baja.

268

Tito Tito,
capotito,
sube al cielo
pega un grito,
y se baja calladito,
calladito.

269

Patio barrido,
patio mojado,
sale un viejito
muy esponjado.

270

ORO NO ES,
PLATA NO ES,
QUÍTALE EL ROPÓN
Y VERÁS LO QUE ES.

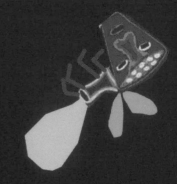

271

UNAS ESTRELLAS SUBIERON AL CIELO, OTRAS QUEDARON BRILLANDO EN SU VUELO.

ADIVINANZA HUICHOL

64

ADIVINANZAS INDÍGENAS

El suave temperamento poético de los indígenas se deja sentir en estas bellas adivinanzas.

272

Tirada en la milpa,
enredadiza,
se pinta, sin manos,
color de ceniza.

Adivinanza mixteca

273

¿Qué cosa es,
en el cielo encendido,
serpiente de fuego
con un chasquido?

Adivinanza náhuatl

274

ACOSTADAS EN EL TECHO,
BOCA ABAJO,
BOCA ARRIBA,
SE ASOLEAN LAS ESPALDAS,
SE ASOLEAN LA BARRIGA.

ADIVINANZA TZOTZIL

275

¿QUIÉN ES LA MUJER
QUE SABE SIEMPRE
DÓNDE ESTÁ SU MARIDO?

ACERTIJOS

Este capítulo incluye adivinanzas populares que, más que definir algún objeto o cosa, plantean un pequeño problema en el que se pide explicar algo que a primera vista resulta absurdo, o simplemente contestar una pregunta capciosa.

276

Un hombre mató a su hermano
cuyo padre no nació,
y en el seno de su abuela
al muerto se sepultó.

277

Maravilla, maravilla,
dos madres con sus dos hijas,
para salir a la calle,
llevan puestas tres mantillas
sin que a ninguna le falte.

278

¿Con qué piensas
que pica el alacrán?

279
ESTANDO QUIETO EN MI CASA
ME VINIERON A PRENDER,
MI CASA SE SALIÓ POR LAS VENTANAS
Y YO PRESO ME QUEDÉ.

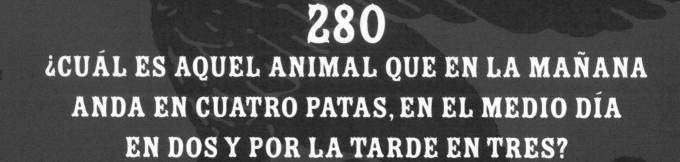

280

¿CUÁL ES AQUEL ANIMAL QUE EN LA MAÑANA
ANDA EN CUATRO PATAS, EN EL MEDIO DÍA
EN DOS Y POR LA TARDE EN TRES?

EL GRAN ENIGMA

Se cuenta que la diosa Hera puso en boca de la Esfinge* un acertijo a los habitantes de Tebas y al que no sabía responder el monstruo lo devoraba. Así murieron muchos jóvenes, pero llegó Edipo** a la ciudad y resolvió el enigma.*** Cuando la Esfinge se vio vencida, se suicidó arrojándose al mar, aunque otras versiones cuentan que Edipo la ejecutó.

*   Monstruo propio de algunas mitologías orientales, que se suele representar con cabeza de mujer y cuerpo de león. Se dice que resguardaba la entrada a la ciudad de Tebas.

**   Antiguo rey de Tebas, hijo de Layo y Yocasta.

***   La solución es el ser humano, porque en la infancia gatea, en la edad adulta camina en dos pies y en la vejez se apoya en un bastón o bordón.

281

¿QUÉ COSA ES ÉSA
QUE MIENTRAS SE LA TIENE GUARDADA VIVE
Y EN CUANTO ASPIRA EL AIRE ES CADÁVER?

ADIVINANZAS DE
LAS MIL Y UNA NOCHES

Las siguientes adivinanzas tomadas de *Las mil y una noches* forman parte de la historia de la esclava Tauaddud que relata Scherezada durante las noches 277, 278 y 279.

282

Adivíname si puedes
qué cosa es ésta,
que es semejante a la tierra
por lo redonda,
pero se oculta a la vista
por lo pequeña,
tiene el pecho encogido
y atado el cuello,
va firmemente prendida
y no se escapa
y obedece sumisa
y está herida
no en lucha ni en combate
ni en lid alguna.

Y copula con su macho
cuando se juntan
después de estar separados
por largo tiempo
sin que ningún embarazo
resulte de esto,
sin que en su vientre recoja
de él ningún germen,
por la noche se separan,
pero de día
tornan prontos a abrazarse
con alegría.

283

De acá para allá me agito,
con agradable meneo;
unas veces muy aprisa,
otras con aire muy lento,
y, al final, caer me dejo,
lánguido, sobre su pecho,
suspirando "¡Amada mía!"
con un suspirar muy tierno.

284

Son dos amigos que se abstienen
de todo goce y deleite,
pasan la noche abrazados
siempre alerta y vigilando,
y en cuanto que apunta el día
se separan en seguida.

285

Arrastro cola tras mí,
lo mismo al llegar que al ir;
tengo un ojo que jamás
lo llega el sueño a cerrar
ni una lágrima a mojar;
voy desnuda y, sin embargo,
a todos visto y apaño.

286

Esbelta y gallarda es
y más dulce que el almíbar;
a una lanza se parece,
aunque no corta ni pincha.
Y en el mes de Ramadán
no hay mesa en que no se sirva.

287

**EL SOL SALE Y YO APAREZCO,
SOY FRESCURA BAJO EL ÁRBOL;
A MEDIODÍA SOY PEQUEÑA
Y POR LA TARDE ME ALARGO.**

V. R.

78

ADIVINANZAS
DE AUTOR

Tal vez dentro de muchos lustros las adivinanzas de esta sección pasen a ser del dominio público, pero, mientras eso ocurre, Gilda Rincón (G. R.), Cuca Serratos (C. S.) y Valentín Rincón (V. R.) las difunden entre los lectores.

288

Soy redonda y amarilla,
algunas veces rosada;
mi nombre empieza con gua
y lo que sigue ya va.

C. S.

289

Alta torre,
luz que gira,
del marino
yo soy guía.

V. R.

290

Da sabor a tu alimento
y te deja fuerte aliento.

V. R.

291

Yo soy de muchos tamaños
y de forma muy variada,
cuando he vivido en un río
me vuelvo muy redondeada,
ando siempre por los suelos
y puedo no valer nada,
pero a veces soy preciosa
y entonces yo soy muy cara.
A la honda de David
convertí en mortal arma.

V. R.

292

Soy la reina de las frutas,
amarillo es mi color,
es mi corona muy verde
y si no me pelas bien
tengo ojitos por doquier.

C. S.

80

TENGO CABEZA SIN OJOS,
SIN MEJILLAS, SIN NARIZ,
NO TENGO BOCA NI OREJAS
PERO DIENTES, ESO SÍ.
A VECES, DE TU COMIDA
SOY SABROSO CONDIMENTO,
A VECES ME HACEN CORONA
Y DIZQUE AL VAMPIRO AHUYENTO.

V. R.

294

Soy de origen mexicano,
en toda piñata estoy,
y aunque tengo forma de ocho
no soy número y sí,
una semilla yo soy.

C. S.

295

Si está la lluvia cayendo
y luce brillante el sol,
sale un aro gigantesco
muy bello y multicolor.

V. R.

296

Vivo en el cielo,
vivo en el mar,
y en la escuela
los niños aplicados
me lucen en la frente.

C. S.

297

Flor verdirroja
que juega en el aire
y no se deshoja.
Flor de hojalata
que gira en el viento
y no se desata.

G. R.

298

REDONDA Y LUMINOSA,
REDONDA Y BLANCA,
ME ASOMO POR LAS NOCHES
Y POR LA MADRUGADA.
Y EN CIERTAS OCASIONES,
SI ERES OBSERVADOR,
ME PUEDES VER DE DÍA
CON BLANCO RESPLANDOR.

C. S.

299

SON GEMELOS DESIGUALES
AUNQUE IGUALES A LA VEZ,
Y EL QUE NO ME LO CREYERE
QUE SE LOS PONGA AL REVÉS.

G. R.

300

Soy semejante a la pera
por mi forma y mi color.
A la pera me parezco
pero no tengo dulzor
y sí la piel con espinas
y un sabroso corazón.

V. R.

301

Soy preciosa y transparente
con destellos y reflejos,
a veces yo soy torrente,
a veces yo soy espejo.

V. R.

302

Soy la casa de los peces
y pradera de las focas,
con el sol me vuelvo nube,
con el frío me hago roca.

V. R.

303

Corro, me arrastro, me tiendo,
caigo bramando en cascada,
calmo la sed del sediento
y hago menguar a las llamas.

V. R.

304

Dicen que doy buena suerte
a aquél en quien me poso;
tengo lunarcitos negros
en alas con fondo rojo.
Soy un insecto muy bello
y verdes pulgones como.

C. S.

305

La panza rayada,
el pie de metal,
cabeza chiquita
y sabe bailar.

G. R.

306

Envuelto en capa verdosa
un verde y redondo viejo
tiene la panza lustrosa
y a la salsa le da cuerpo.

V. R.

307

Un aguacerito
dentro de mi casa,
si lo quiero llueve,
si lo quiero escampa.

G. R.

308

¡Oh maravilla!
¿quién seré yo
que soy redonda,
flaca o gordita,
grande, chiquita,
blanca, amarilla
y hasta azulada?

Un pedazo de mi cuerpo
puede servir de cuchara,
la cual te puedes comer
gustoso, como si nada.

C. S. y V. R.

309

Llevo cofia verde
y cabello güero,
tengo muchos dientes
y bien te alimento.

V. R.

310

En las bardas me asoleo
y hago gimnasia a placer.
Me atrapan, suelto la cola,
pronto volverá a crecer.

V. R.

311

Pelota roja
que caminas
en el cielo
del poniente.
Esfera que ardes
y te escondes
al morir la tarde.

C. S.

312

Cintura de mujer, boca redonda,
voy con los enamorados
a sus noches de ronda,
me rascan las tripas
y canto mi nostalgia honda.

V. R.

313

Semillita, semilla,
alimento de ardilla,
semilla, semillota,
muy bella, bellota.

C. S. y V. R.

314

Espalda desnuda de mujer sentada,
mujer que espera.

V. R.

315

Limpia el ambiente,
pinta el paisaje,
pies bajo tierra,
verde ropaje.

C. S.

316

Es fiero, es rugiente,
América es su cuna,
tiene afiladas garras
y espuma.

V. R.

317

Los niños suelen
regalarme a sus maestros;
soy roja o amarilla
y tengo el corazón
lleno de semillas.

C. S.

318

Canta que canta muy ronco,
salta, que salta, que salta,
también saltones los ojos
y la colita le falta.

V. R.

319

Soy fruta de temporada,
de temporada invernal
y, aunque parezca maraca,
no sueno ni a ritmo llego;
mas en la boca tú gozas
lo dulce de mis semillas
que resuenan crash, crash, crash.

C. S.

320

En el río tú lo ves,
en el mar también lo ves,
es algo y nada a la vez,
si adivinas, rima es.

V R

321

Soy triángulo con un brazo,
un músico a mí me usa
y salen de mi regazo
lindas melodías rusas.

C. S.

88

322

Roja por dentro
y por fuera dorada,
no tiene de negra nada.

G. R.

323

Esferitas en racimo
somos las madres del vino.

V. R. y C. S.

324

Desde el cielo caigo ruda
o ligera, en suave brisa,
el labriego me saluda
cuando baño su hortaliza.

V. R.

325

Adivina niño
qué letra soy
que no estoy en casa
y en coche voy.

Soy una vocal
y, fíjate bien:
en avión no vengo,
siempre voy en tren.

Soy trinche sin rabo,
soy tres al revés,
si ya me conoces,
qué requete bien.

Escríbeme a mano
sobre del renglón,
en fila formamos
un tirabuzón.

Tú a veces me nombras
cuando no oyes bien.
¡Ya lo adivinaste!
mi nombre es E.

Pelele y peneque
llevan muchas es,
decente, reseque,
merengue y bebé.

G. R.

90

326

ADIVINANZA DE LA GUITARRA

EN LA REDONDA
ENCRUCIJADA,
SEIS DONCELLAS
BAILAN.
TRES DE CARNE
Y TRES DE PLATA.
LOS SUEÑOS DE AYER LAS BUSCAN,
PERO LAS TIENE ABRAZADAS
UN POLIFEMO DE ORO.
¡LA GUITARRA!

FEDERICO GARCÍA LORCA

SOLUCIONES

ADIVINANZAS POPULARES

1 LA MESA

2 LA LLUVIA

3 LA PULGA

4 EL CANDADO

5 LA ABEJA

6 EL HUEVO

7 LA LLAMA

8 LOS OJOS

9 LA LETRA M

10 LA HOJA, LAS LETRAS, EL LÁPIZ
Y LA MANO

11 LOS NAIPES

12 LA GRANADA

13 LA VELA

14 LAS TIJERAS

15 EL ANAFRE

16 EL ESPEJO

17 EL AÑO

18 EL PUNTO

19 LA NUBE

20 LOS OJOS

21 LA LECHE

22 EL HUEVO

23 LA OSCURIDAD

98

LAS MÁS CONOCIDAS

ADIVINANZAS INDÍGENAS

ACERTIJOS

EL GRAN ENIGMA

ADIVINANZAS DE LAS MIL Y UNA NOCHES

ADIVINANZAS DE AUTOR

SOLUCIONES POR ORDEN ALFABÉTICO

El número indica el de la adivinanza.

ADIVINANCERO

terminó de imprimirse en 2015
en los talleres de Editorial Impresora Apolo, S. A. de C. V.
Centeno 150-6, colonia Granjas Esmeralda,
delegación Iztapalapa, 09810, México, D. F.
Para su formación
se utilizaron las fuentes
Clarendon y Zebrawood.

●